The Tree
of
Life

A Árvore
da
Vida

G.M. Silva Neto

About the Author

G.M. Silva Neto was born in 1979 in Brazil and at the age of 16 moved to Australia, where he attended St Paul's College, Manly, and was later awarded an International Merit (Foundation Program) Scholarship to study for a combined Bachelor of Arts and Law at the University of Sydney. He tutored philosophy at St John's College while developing a career as a writer, and continued studying literature at the University of Oxford (Jesus College), where he won the 2008–9 D.L. Chapman Memorial Prize for an Original Composition in English Verse or Prose, published in the Oxford Alumni Annual, and graduated from the Master of Studies in Creative Writing with a thesis analysing the concept of selfhood in the modern Bildungsroman. He is a novelist, an accredited professional translator and a member of the Royal Society of Literature.

Sobre o Autor

G.M. Silva Neto nasceu em 1979 no Brazil e aos 16 anos mudou- se para a Austrália, onde estudou no St Paul's College, Manly, recebendo posteriormente uma International Merit (Foundation Program) Scholarship para estudar simultaneamente nos cursos de Bacharel em Artes e Direito na Universidade de Sydney. Foi tutor de filosofia no St John's College enquanto desenvolvia a carreira de escritor, e deu continuidade à formaçao em literatura na Universidade de Oxford (Jesus College), onde recebeu o 2008-9 D.L. Chapman Memorial Prize por uma composição original em verso e prosa inglesa, publicou no Oxford Alumni Annual e graduou-se no Mestrado em Escrita Criativa com uma tese analisando o conceito do ser no Bildungsroman moderno. Ele é um romancista, tradutor juramentado, e membro da Royal Society of Literature.

Paperback bilingual edition English-Portuguese ISBN 978-85-917249-4-9
(ePub bilingual edition English-Portuguese ISBN 978-85-917249-3-2)
(ePub English version ISBN-13: 978-85-917249-0-1)
(Hardback English version ISBN 978-85-917249-2-5)
(Paperback English version ISBN 978-85-917249-1-8)

Cover illustration and copyright © Geraldo Meira Silva Neto 2014

Translated by the author.

* Translator's note: this poem was composed in English. Due to formatting issues, the portuguese text on pages 27, 103 and 135 had to be divided to be accommodated in the page grid.

Printed in the United States of America

This is poem is dedicated to my Bengala friends, for sharing the journey,
to Mauro C. Balieiro, friend and analyst extraordinaire,
and to Marisa Giannecchini, the loving voice of literature since the beginning.

Este poema é dedicado aos meus amigos Bengalas, por compartilharem a jornada,

a Mauro C. Balieiro, amigo e analista extraordiário,

e a Marisa Giannecchini, a amável voz da literatura desde o começo.

The Tree
of
Life

A Árvore
da
Vida

And what is life,

if not a journey toward ourselves?

E o que é a vida,
senão uma jornada para nós mesmos?

Seed

Semente

I am everything
and I am nothing at all

All that already exists
but is yet to come

I am the nameless and the indefinable,
the reality in which infinity is within,
the structural substance of time

Eu sou o todo
e eu sou o nada

Tudo o que já existe
mas que ainda está por vir

Eu sou o inomeável e o indefinível,
a realidade em que o infinito está contido,
a estrutural substância do tempo

I am all there is
and all that will ever be,
the seven branches that grow
outwards and inwards from time-reality

I am the fundamental existence behind every phenomenon
the single connection between all forms of creation
the absolute creating principle underlying all things

I transcend and permeate all reality
while I am every reality,
I exist outside cause and effect, space and time
while I am cause and effect, space, and time

I am the direction of the progress of existence
the constant imminence of manifestation
the sound that cannot be heard

Eu sou tudo que há

e tudo que sempre haverá,

os sete galhos que crescem

para fora e para dentro do tempo-realidade

Eu sou a fundamental existência por trás de todo fenômeno

a conexão única entre todas as formas de criação

o princípio criador absoluto sustentando todas as coisas

Eu transcendo e permeio toda realidade

enquanto sou cada realidade,

Eu existo fora de causa e efeito, de tempo e espaço

enquanto sou a causa e o efeito, o tempo e o espaço

Eu sou a direção do progresso da existência

a constante imanência da manifestação

o som que não pode ser ouvido

I am the beginning,
the middle,
and the end

Eu sou o começo,

o meio,

e o fim

I am the first creation,
the only event without a cause,
a seed of light from nothingness

I am the highest temperature
expansion and cooling
the birth of space-time continuum
light, travelling through darkness

I am vastness and emptiness
the darkness and the void
the infinite within the finite
potential, manifest and not manifest

Eu sou a primeira criação,

o único evento sem causa,

a semente de luz do nada

Eu sou a mais alta temperatura

expansão e esfriamento

o nascimento do tempo-espaço contínuo

luz, viajando pela escuridão

Eu sou a vastidão e o vazio

a escuridão e o nulo

o infinito dentro do finito

potencial, manifesto e imanifesto

I am chaos and order;
the chaos in the order and
the order in the chaos

I am self-division into atoms and forms,
the birth of particles of matter and anti-matter in the vacuum
within the immovable silence

I am mathematical principles yet to be discovered,
the concept of numbers yet to be imagined,
pi and the golden ratio

I am motion and rest,
nuclear forces, electromagnetism and gravity,
the eternal dance of stability with instability,
diversity generating unity,
energy becoming laws
in the long passage of time

Eu sou o caos e a ordem;

o caos na ordem e

a ordem no caos

Eu sou auto-divisão em átomos e formas,

o nascimento de partículas de matéria e anti-matéria no vácuo

dentro do imóvel silêncio

Eu sou princípios matemáticos a serem descobertos,

o conceito de números a ser imaginado,

pi e a proporção áurea

Eu sou movimento e repouso,

forças nucleares, eletromagnetismo e gravidade,

a eterna dança da estabilidade com a instabilidade,

diversidade gerando unidade,

energia transformando-se em leis

na longa passagem do tempo

I am swirls of luminous milky-blue dots around a bright centre,

dust clouds, hydrogen and helium

nitrogen, oxygen and carbon

pressure creating heat at a core triggering thermonuclear fusion

I am, at last,

a star

I am ignited rock, cooling

proximity and the right temperature

liquid water

Eu sou espirais de pontos azulados luminosos

em volta de um centro iluminado,

nuvens de poeira, hidrogênio e hélio

nitrogênio, oxigênio e carbono

pressão criando calor no núcleo e desencadeando fusão termonuclear

eu sou, finalmente,

uma estrela

Eu sou pedra incandescente, esfriando-se

proximidade e a temperatura certa

água líquida

I am the chance and coincidence within certitude

I am the necessary certainty of the universe

Eu sou a chance e a coincidência dentro da certeza

Eu sou a necessária certeza do universo

Root

Raiz

I am Life,
difference,
and evolution

Air, fire, earth and water
sunrays hitting rocks, mountains, and the ocean
storms over desolate peaks
prisms of light in the deep blue sea

I am an organic molecule
a simple cell
bacteria performing photosynthesis
multicellular life

I am adaptation, survival and endurance
immanent instinct
the inherent struggle for survival in the heart of nature
reflected in the heart of all living things

I am life living on life

Eu sou Vida,

diferença,

e evolução

Ar, fogo, terra e água

raios solares batendo em pedras, montanhas, e o oceano

tempestades sobre picos inóspitos

prismas de luz ao fundo do mar azul

Eu sou uma molécula orgânica

uma simples célula

bactéria fazendo fotossíntese

vida multicelular

Eu sou adaptação, sobrevivência e persistência

instinto intrínseco

a inerente luta pela sobrevivência no coração da natureza

refletida no coração de todos seres vivos

Eu sou vida vivendo de vida

I am DNA copying itself almost perfectly,
the constant birth of the new

I am fish, terrestrial plant, insect,amphibian, reptile, bird, mammal,
before I am a 'thinking man'

I am a hunter and a gatherer
an explorer who sees frontiers everywhere,
the settler of a field

Eu sou DNA copiando-se quase que perfeitamente,
o constante nascimento do novo

Eu sou peixe, planta terrestre, inseto, anfíbio, réptil, pássaro, mamífero,
antes de eu ser um 'homem pensante'

Eu sou um caçador e um apanhador
um explorador que vê fronteiras em todo lugar,
aquele que se estabelece em um campo

I am the spring in the heart of winter
and the invisible birth of autumn in the high summer

I am the natural realisation of destiny
along the passing of time

Eu sou a primavera no coração do inverno e
o invisível nascimento do outono no alto verão

Eu sou a realização natural do destino
na passagem do tempo

Trunk

Tronco

I am love, lust and orgasm
a point of intersection between two lines

A seed of my father
in the soil of my mother

I am the first one to arrive,
the meeting and the miracle of the union of opposites

I am life within another life

A piece of the universe aware of itself

The cycle of creation giving birth to its own existence

Eu sou amor, luxúria e orgasmo

o ponto de intersecção entre duas linhas

Uma semente de meu pai

no solo de minha mãe

Eu sou o primeiro a chegar,

o encontro e o milagre da união dos opostos

Eu sou vida dentro de uma outra vida

Um pedaço do universo consciente de si mesmo

O ciclo da criação dando nascimento à própria existência

I am my first heartbeat

Eu sou minha primeira batida de coração

I am awareness
and the birth of reality

I am gestation and expectation
the creation of an unbreakable bond
before I am separation
and the invisible umbilical cord that will always be present

I am animal and I am spirit
the expression of selfhood through molecules and atoms
a conscious surface above infinite unconscious depth

I am Atman, borrowed essence and breath,
energy shaping a body of liquified, recycled hydrogen and oxygen,
billions of years old, from other stars

Eu sou consciência

e o nascimento da realidade

Eu sou gestação e expectativa

a criação de uma ligação inquebrável

antes de eu ser separação

e a invisível corda umbilical que estará sempre presente

Eu sou animal e eu sou espírito

a expressão de um ser através de moléculas e átomos

uma superfície consciente sobre infinita profundidade inconsciente

Eu sou Atman, essência emprestada e respiração

energia moldando um corpo de hidrogênio e oxigênio líquido e reciclado,

de bilhões de anos, de outras estrelas

Now I am the day and the night,

the moon and the sun

Agora eu sou o dia e a noite,

o sol e a lua

I am milk, animals and vegetables
earth and minerals
sunlight and rain
sparkling curious eyes

I am my mother and my father, and
I'm neither my mother nor my father

I am feeling and consciousness
hunger and thirst
skin, muscle, fat and bones
a heart that beats as an expression of a will to live

I am the movement of joints
circulation of blood, digestion
processing of information
tissue repair

I am touch, colours, sounds, tastes and smells
their unconnected meanings
trillions of cells and a mind which has no cells

Eu sou leite, animais e vegetais

terra e minerais

luz solar e chuva

olhos brilhantes curiosos

Eu sou meu pai e minha mãe, e

eu não sou meu pai nem minha mãe

Eu sou sentimento e consciência

fome e sede

pele, músculo, gordura e ossos

um coração que bate como expressão de determinação de viver

Eu sou o movimento de juntas

circulação de sangue, digestão

processamento de informação

reconstrução de tecido

Eu sou toque, cores, sons, gostos e cheiros

seus significados desconectos

trilhões de células e uma mente que não possui células

I am the first word on the page
the first stroke of paint on a blank canvas
the infinite possibilities that exist in white
and in time to come

Eu sou a primeira palavra na página
a primeira pincelada de tinta na tela vazia
as infinitas possibilidades que existem no branco
e no tempo que virá

Infinite other lives permeate my life

I stand naked before the sun

Infinitas outras vidas permeiam minha vida

Eu estou nu perante o sol

I don't know that I know nothing,
while I have within me the entire knowledge of the universe

I do not yet understand,
but I already belong

Eu não sei que nada sei,
enquanto tenho em mim todo o conhecimento do universo

Eu ainda não entendo,
mas eu já pertenço

I am my first step

Eu sou meu primeiro passo.

I am play, toys,
bright primary colours,
my first smile

The free expression of truth from my innermost being

Eu sou brincadeira, brinquedos,

vívidas cores primárias,

meu primeiro sorriso

A livre expressão da verdade do meu mais profundo ser

I am pencil-yellow sunshine
blue skies, green grass
a hilltop white house
with smoke curling up from its chimney

And I am also confusion and angst
thoughts and emotions
dreams and nightmares
hopes and fears
rainy days and leaden skies
long winters
a witness of arguments
the feeling of powerlessness
a wet bird in the nest during a thunderstorm

Eu sou luz-do-sol amarelo-lápis

céus azuis, grama verde

uma casa branca em cima de uma colina

com fumaça saindo de sua chaminé

E eu também sou confusão e angústia

pensamentos e emoções

sonhos e pesadelos

esperanças e medos

dias chuvosos e céus de chumbo

longos invernos

uma testemunha de discussões

o sentimento de falta de poder

um pássaro molhado no ninho durante uma tempestade

I am fear of the unknown
and fear of the dark

What I imagine is real,
and I am afraid of creatures of my imagination

I believe in everything I see, in everything I hear,
that adults have all the answers

Eu temo o desconhecido

e eu temo o escuro

O que eu imagino é real,

e eu tenho medo de criaturas da minha imaginação

Eu acredito em tudo que vejo, em tudo que escuto,

que os adultos têm todas as respostas

I am pollen in the wind

Eu sou pólen ao vento

I am the meaning of fairy tales
sunlight filtering through the trees
the first sight of the sea

I am my first puppy and shared frolic joy,
the new bike at Christmas
and the companion of the air on the first ride

I am moving legs, waving arms, dusty feet
scratched knees and bruised shins
the falling and crying
the getting up and laughing
fake tears and permanent scars

Eu sou o significado dos contos de fadas

luz-do-sol filtrando entre as árvores

a primeira visão do mar

Eu sou meu primeiro animal de estimação e alegria compartilhada,

a bicicleta nova de Natal

e o companheiro do ar durante a primeira volta

Eu sou pernas e braços se movendo, pé empoeirado

joelhos esfolados, canelas com roxos

o cair e chorar

o levantar e rir

lágrimas falsas e cicatrizes permanentes

I'm small and I'm a giant
I'm cruel and I'm kind
I'm the naked raw truth,
the necessary and the unnecessary lies

I am the touch of a ladybird and
the insensibility of the head of a hammer,
the flight of a hawk and
the flapping of the wings of a butterfly

Eu sou pequeno e sou gigante

Eu sou cruel e eu sou bondoso

Eu sou a verdade nua e crua,

as mentiras necessárias e as desnecessárias

Eu sou o toque de uma joaninha e

a insensibilidade de uma cabeça de martelo,

o voo de um gavião e

o bater de asas de uma borboleta

I am the one who follows the song of birds that sing within,
the one who climbs trees and chases
fireflies on a warm summer's evening

I am the one who wishes upon a star,
who takes lungfuls of the smell of wet earth as it starts to rain,
who raises his face to greet a sunray,
who breathes the Divine
and is in contact with the All without realising

I am a young shepherd in mythical Arcadia

Eu sou aquele que segue a canção dos pássaros que cantam dentro,

aquele que sobe em árvores e persegue

vagalumes numa noite quente de verão

Eu sou aquele que faz pedidos para as estrelas,

que enche pulmões de cheiro de terra molhada quando começa a chover,

que levanta o rosto para dar boas-vindas a um raio de sol,

que respira o Divino

e está em contato com o Todo sem perceber

Eu sou um jovem pastor em mítica Arcádia

I am words and the learning of other symbols
the connection of images, sounds and feelings to meaning,
inner states dictating the nature of thoughts
and shaping the reality around me

Eu sou palavras e o aprendizado de outros símbolos
a conexão de imagens, sons e sentimentos a significados,
estados internos ditando a natureza de pensamentos
e a realidade em minha volta

I am Achilles

and the soldier who is not Achilles

Eu sou Aquiles

e o soldado que não é Aquiles

I am will,
the creation of personal destiny,
promise and infinite possibilities,
everything that I will be and
everything that I am not

I miss what I'm yet to become

Eu sou força de vontade,

a criação do meu destino,

promessa e infinitas possibilidades,

tudo que serei e

tudo que não sou

Eu tenho saudade do que ainda vou ser

I am knowledge of good and evil

Eu sou o conhecimento do bem e do mal

I am my first kiss
lust and centred pleasure
Eros and Psyche
Apollo chasing Daphne
blood kindled by sheer desire

I am virginity and imagination before I am
skin contact, saliva, breath, sweat, rhythm and impulse,
arrows being released or opening flowers

I am surface life
the image on the bathroom mirror
the desire for proportion
awkwardness and lack of control

I see myself from the outside

I am existence looking outwards
but only seeing a reflection of what is within

Eu sou meu primero beijo
luxúria e prazer centrado
Eros e Psique
Apolo perseguindo Dafne
sangue aceso por puro desejo

Eu sou virgindade e imaginação antes de ser
contato de pele, saliva, respiração, suor, ritmo e impulso,
flechas sendo disparadas ou flores se abrindo

Eu sou a vida de superfície
a imagem do espelho do banheiro
o desejo de proporção
vergonha e falta de controle

Eu me vejo de fora para dentro

Eu sou existência olhando para fora
mas vendo um reflexo do que está dentro

I am an unbridled black horse defying authority

Eu sou um cavalo negro sem rédea desafiando autoridade

I know it all knowing nothing

I'm dust while I am the centre of the universe

I am what I think I am,
and I think I am Achilles

I am the search of who I am
and wonder where the final frontier is,
within and outside of me

I seek 'myself' and I seek 'the All'
without knowing that which I seek is me and
the All is also all around me

Eu sei tudo não sabendo nada

Eu sou pó sendo o centro do universo

Eu sou o que penso que sou,

e eu penso que sou Aquiles

Eu sou a busca do que sou

e questiono onde está a fronteira final,

dentro e fora de mim

Eu procuro 'a mim mesmo' e eu procuro 'o Todo'

não sabendo que o que procuro sou eu e

o Todo também está em toda minha volta

I am a tapestry of meanings
created in relation to myself and the outside world

I am unrelenting search for truth

I am my own theories, opinions and quotations
(which are mostly other people's)

I now know that I know nothing

Eu sou uma tapeçaria de significados
criado em relação a mim e ao mundo externo

Eu sou busca incessável pela verdade

Eu sou minhas próprias teorias, opiniões e frases
(que são quase todas de outras pessoas)

Eu agora sei que nada sei

I am the world of Ideas and Forms
the world of becoming and passing away;
I'm either Plato or Aristotle

I am a ship leaving port
the tip of a prow braving into an uncharted sea in the fog,
the first flight of a bird leaving the nest
to seek *eudaimonia* through flourishing *arete*

Eu sou o mundo das Idéias e Formas

o mundo do acontecimento e mudança;

Eu sou Platão ou Aristóteles

Eu sou um navio deixando o porto

a ponta de uma proa desbravando um mar não mapeado na neblina,

o primeiro voo de um pássaro deixando o ninho

à procura de *eudaimonia* por florescer *aretê*

I am Ideals

Eu sou Ideais

And I can change the world

E eu posso mudar o mundo

Branches

Galhos

I am my friends

I'm there under cloud, rain and sunshine

I am companionship, trust and loyalty
the one who supports and the one who receives support,
myself inside another

I am the one who shares the sap from the same tree

I branch with and through other people,
every encounter a new leaf

Eu sou meus amigos

Eu estou lá embaixo de nuvem, chuva e sol

Eu sou companheirismo, confiança e lealdade
o que apoia e o que recebe apoio,
eu mesmo dentro de um outro

Eu sou aquele que compartilha a seiva da mesma árvore

Eu me ramifico com e através de outras pessoas,
cada encontro uma nova folha

I am my first day of work,
aspiration to leave footprints in rocks,
time marked by a watch,
tenacity between Monday morning
and Sunday afternoon sunshine

I am the one who believes in himself,
the one who gets up and begins each morning anew,
the one who carves the statue to the sound
of the best song he has within,
the one who fishes with good bait,
the one who opens a new way if he doesn't find one

Eu sou o meu primeiro dia de trabalho,
aspiração de deixar pegadas em pedras,
tempo marcado pelo relógio,
tenacidade entre segunda-feira de manhã
e o sol da tarde de domingo

Eu sou aquele que acredita em si mesmo,
aquele que levanta e recomeça a cada manhã,
aquele que esculpe a estátua ao som
da melhor música de dentro de si,
aquele que pesca com boa isca,
aquele que abre um novo caminho se não encontrar um

I am the one who lays the bricks, who builds the roads,
who delivers the mail, who leads the nation,
the one who changes and moves the world forward

I am also a bank account,
a merchant banker and a Samaritan,
a handshake that hires and a pointing finger that fires,
no longer spirit, no longer human,
but part machine, part numbers, part profit
(Time is no longer time but money, toys have never existed,
songbirds are no longer expected on the clothes line)
but I am the one who closes the deal, who builds,
who also changes and moves the world forward

I am the one who has forgotten about the All
who breathes the smoky air of the city streets
who has the rhythm of the traffic lights
who no longer believes in everything he sees,
in everything he hears,
who knows that adults don't have all the answers,
who forgot that his destiny
is ultimately tied to the destiny of everyone

Eu sou aquele que coloca os tijolos, que constrói as estradas,

que entrega o correio, que lidera a nação,

aquele que muda e move o mundo para frente

Eu também sou uma conta de banco,

um banqueiro mercador e um Samaritano,

um aperto de mão que contrata e um dedo apontando que despede,

não mais espírito, não mais humano,

mas parte máquina, parte números, parte lucro

(Tempo não é mais tempo mas dinheiro, brinquedos nunca existiram,

pássaros de canto não são mais esperados no varal)

mas também sou aquele que realiza o negócio, que constrói,

que também muda e move o mundo para frente

Eu sou aquele que se esqueceu do Todo

que respira o ar enfumaçado da cidade

que tem o ritmo dos semáforos

que não mais acredita em tudo que vê,

em tudo que escuta,

que sabe que os adultos não têm todas as respostas,

que esqueceu que seu destino

está ligado ao destino de todos

I am hopes and dreams
id, ego and superego
the individuation of everything I am

I am free will
while I'm bound by my personality

I'm shades of grey, shades of meaning, shades of myself,
the common soldier wishing to be Achilles

Eu sou sonho e esperança

id, ego e superego

a individuação de tudo que sou

Eu sou livre-arbítrio

enquanto sou cercado por minha personalidade

Eu sou nuances de cinza, nuances de significados,

nuances de mim mesmo,

o soldado comum querendo ser Aquiles

I am relentless striving for self-knowledge and self-improvement
the aiming of excellence
lead purifying itself to become gold
Ulysses tied up to the mast while the sirens sing

I am high ambition and the necessary instinct of self-survival,
the indefatigable determination of a young immigrant
pursuing a dream

I am David against Goliath

Eu sou a constante busca de auto-conhecimento e auto-superação

o almejar da excelência

chumbo purificando-se para se tornar ouro

Ulisses amarrado no mastro enquanto as sereias cantam

Eu sou grande ambição e o necessário instinto de auto-sobrevivência,

a determinaçao infatigável de um jovem imigrante

perseguindo um sonho

Eu sou Davi contra Golias

I am also compassion and indifference

faith and despair

war and peace

resoluteness and hesitation

courage and fear

pride and humbleness

audacity and timidity

gladness and regret

union and dissolution

trial and learning

error and flawlessness

Eu também sou compaixão e indiferença

fé e desespero

guerra e paz

confiança e hesitação

coragem e medo

orgulho e humildade

audácia e timidez

alívio e arrependimento

união e dissolução

tentativa e aprendizado

erro e impecabilidade

I am my best friend and my worst enemy
sleepless nights and daydreams
a bowman not knowing he is the target
a hunter not knowing he is the prey

I am sun and rain
black and white
asphalt and dirt track
logic and the illogical
metal and air

I am somebody and I'm a nobody,
I matter and I don't matter

Eu sou meu melhor amigo e meu pior inimigo

noites em claro e sonhos acordados

o arqueiro não sabendo ser o próprio alvo

o caçador não sabendo ser a própria presa

Eu sou sol e chuva

branco e preto

asfalto e estrada de terra

o lógico e o ilógico

ar e metal

Eu sou alguém e eu não sou ninguém,

eu tenho importância e eu não tenho importância

I am the Spartan who wears the crimson cloak and defends the pass,
regardless of the odds

I'm the one in the line of fire
who does not leave anyone behind
before I am a Purple Heart

I am the soldier who fights for peace before a war

Eu sou o Espartano que veste a capa vermelha e defende a passagem,
independente da chance de sucesso

Eu sou aquele na linha de fogo
que não deixa ninguém para trás
antes de eu ser um Coração Roxo

Eu sou o soldado que luta pela paz antes de uma guerra

I am the solitary traveller crossing the distant mountain range

Eu sou o viajante solitário cruzando a distante cordilheira de montanhas

I'm the house whose windows are turned to the West,
the faraway island within which only I will ever live

I'm the one who no longer believes he can change the world,
that the Realm of the Divine is outside and far from himself,
the one who now sees Ideals as just ideals
the one who realises that the world is empty of meaning
except for the one he gives

I am sincere prayer for a better life

Eu sou a casa que tem as janelas viradas para o oeste,
a ilha longínqua de dentro em que apenas eu viverei

Eu sou aquele que não mais acredita que pode mudar o mundo,
que o Reino do Divino está fora e longe de si,
aquele que agora vê Ideais como apenas ideais
aquele que percebe que o mundo não possui significado
além do que ele mesmo atribui

Eu sou reza sincera por uma vida melhor

I am one more in six billion
in an isolated planet spinning in the void
in one of the four hundred billion stars of a galaxy
amongst trillions and trillions of galaxies

Eu sou mais um em seis bilhões

em um isolado planeta rodando no nada

em uma das quatrocentas bilhões de estrelas de uma galáxia

entre trilhões e trilhões de galáxias

I am the one in winter crossing the valley of ashes

Eu sou aquele no inverno cruzando o vale das cinzas

I am the light contained in the presence of hope

Eu sou a luz contida na presença da esperança

I am part of somebody I long to find
a dandelion floating in possibilities
through city, field and wood
until I am, at last,
the meeting with a soil
in which to take root

I am a hand gathering flowers,
the one who bows and takes his sandals off
before entering the inner sanctum

I am the sense of certainty that destiny really exists,
the house whose windows open to the East
and sees the destined one as the sun

Eu sou parte de alguém que desejo encontrar
um dente-de-leão flutuando em possibilidades
por cidade, campo e floresta
até eu ser, finalmente,
o encontro com um solo
para criar raiz

Eu sou uma mão colhendo flores,
aquele que faz reverência e tira as sandálias
antes de entrar na câmara sagrada

Eu sou o senso de certeza que o destino realmente existe,
a casa cujas janelas se abrem para o leste
e vê a destinada como o sol

I am love that loves me back
colours regaining their colour from grey

I am the wish that a moment could last years,
the desire of being better than I was, than I am, than I will be

I am clasped hands and the adjustment of the stride
the silhouette of two intertwined trees
growing in the colours of the sunrise

I am the one who listens to the pulse of another heart
and realises it's his own,
the one who sees love
reflected in the actions and in the eyes of another

Eu sou amor que me ama de volta
cores recuperando suas cores do cinza

Eu sou o desejo de que um momento poderia durar anos,
o desejo de ser melhor do que já fui, do que sou, do que ainda vou ser

Eu sou mãos dadas e o ajustamento do ritmo do passo
a silhueta de duas árvores entrelaçadas
crescendo nas cores do nascer-do-sol

Eu sou aquele que escuta a batida de um outro coração
e percebe que é a de si mesmo,
aquele que vê o amor
refletido nas ações e nos olhos de uma outra pessoa

I am the sharing of most sincere aspirations
the telling and listening of deepest and darkest secrets,
complete trust and devotion

Eu sou o compartilhar das mais sinceras aspirações
o contar e o escutar segredos mais escuros e profundos,
plena confiança e devoção

I am no longer one

but two

Eu já não sou mais apenas um

mas dois

Flower & Fruit

Flor & Fruto

I am the vows
the lovemaking, the commitment
the routine, the arguments and the amends
the friendship turned into companionship
the finding of my own pace within the adjusted stride

I am the days that are dots
that one by one become a line
which then intersects forming a new point

I am gestation,
a boy or a girl

Eu sou as promessas

o fazer amor, o compromisso

a rotina, as discussões e os apaziguamentos

a amizade transformada em companheirismo

o achar do meu próprio ritmo no passo ajustado

Eu sou os dias que são pontos

que um a um se tornam uma linha

que se cruza formando um novo ponto

Eu sou gestação,

um menino ou uma menina

I am the first time I hold another existence of myself in my arms,
the meaning of unconditional love

E sou a primeira vez que seguro
uma outra existência minha em meus braços,
o significado de amor incondicional

I am nappies, milk, joy, infinite care, plans
the one who loves so much he suffers, gladly
the one who now lives also for another

I am a mother and a father
while still being a son and a daughter

I am the one who sees himself in a version of himself

I am no longer two but three, four...

Through the one who came from me
I become once again a child
and thus re-enter the Kingdom

Eu sou fraldas, leite, alegria, cuidado infinito, planos
aquele que sofre de tanto amar, não se importando
aquele que agora vive também para um outro

Eu sou um pai e uma mãe
ainda sendo um filho e uma filha

Eu sou aquele que se vê em uma versão de si mesmo

Eu não sou mais dois, mas três, quatro...

Por aquele que veio de mim
eu me torno, mais uma vez, uma criança
e portanto re-entro no Reino

I am one more witness of a flourishing,
the one who cherishes the future of another,
the one who explains, who guides, who is a Truth

I am Santa Claus and the Tooth Fairy,
before I'm neither

I am the one who watches the first flight of a bird leaving the nest
to seek what I also sought

I am the presence in the absence
the weight of emptiness
stillness filled with vibrancy by memories
silence which is full of sound

I am no longer four or three, but two again

Eu sou mais uma testemunha do desabrochar e florescer,
aquele que zela pelo futuro de um outro,
aquele que explica, que orienta, que é uma Verdade

Eu sou o Papai Noel e a Fada-do-Dente,
antes de não ser mais nenhum deles

Eu sou aquele que vê o primeiro voo de um pássaro deixando o ninho
à procura do que eu mesmo busquei

Eu sou a presença na ausência
o peso do vazio
quietude preenchida de vibração por memórias
silêncio que é cheio de som

Eu não sou mais quatro ou três, mas dois novamente

I am years that pass by in seconds,
the one who sees a seed of himself generate another seed

I am the one who senses the weight and the lightness
of the approaching twilight

Eu sou anos que se passam em segundos,
aquele que vê uma semente de si mesmo gerar uma outra semente

Eu sou aquele que sente o peso e a leveza
da aproximação do entardecer

I am all the people, situations, selves, ideas, books
that I've lived with and through

I am the words I said and the words I didn't say
what I did and what I failed to do
everything I remember and everything I forgot
the dreams I realised and the dreams I could not realise

I am what I should have been and was,
what I may have been but never was

I am how much I was able to let go
to let in the new

Eu sou todas as pessoas, situações, eus, idéias, livros
que vivi com e através de

Eu sou as palavras que disse e as palavras que não disse
tudo o que fiz e tudo que deixei de fazer
tudo que me lembro e tudo que não me lembro
os sonhos que realizei e os que não pude realizar

Eu sou o que eu deveria ter sido e fui,
o que eu poderia ter sido mas nunca fui

Eu sou o quanto pude me desprender
para deixar o novo entrar

I am the constant flow of the river, of the waves of the sea,
unborn and undying

I'm not only life
but life passing through myself,
life passing through Life itself

I am truth within the Truth

Eu sou o constante fluxo do rio, das ondas do mar,

sem começo, sem fim

Eu não sou apenas vida, mas

vida passando por mim mesmo,

vida passando pela própria Vida

Eu sou uma verdade dentro da Verdade

I am my contribution,
a product of my time as much as a product of my soul

I am my own theories, opinions and quotations
(which are and aren't mostly mine)

Eu sou a minha contribuição,
um produto do meu tempo tanto quanto um produto da minha alma

Eu sou minhas próprias teorias, opiniões e frases
(que são e não são na maioria minhas)

I see myself from the inside

I am existence looking outwards
and seeing the other

I am compassion and the life within

I have become my brother's keeper
and all are my brothers

Eu me vejo de dentro para fora

Eu sou existência olhando para fora
e vendo o outro

Eu sou compaixão e vida interior

Eu me tornei protetor do meu irmão
e todos são meus irmãos

I know all things because I know myself

I believe the realm of the Divine is within me and outside of me

Eu conheço todas as coisas porque eu conheço a mim mesmo

Eu acredito que o Divino está dentro e fora de mim

.

I'm no longer time marked by the clock
as I've felt the pulse of the progress of existence
and realised that clocks are not marking time,
but their own movement

I remember that everything
has always been and will always be connected

Eu não sou mais tempo marcado pelo relógio

porque senti o pulso da progressão da existência

e percebi que relógios não estão marcando o tempo,

mas apenas seu próprio movimento

Eu relembro que tudo

sempre esteve e sempre estará conectado

I feel the presence of the All

in a wheat field

in an empty chapel

in a drop of dew

in a seashell

in everything

Everything has become relative

and absolute at the same time

I no longer search for the final frontier

because I know there are no final frontiers,

within or outside me

Eu sinto a presença do Todo
em um campo de trigo
em uma capela vazia
numa gota de orvalho
em uma concha do mar
em tudo

Tudo se tornou relativo
e absoluto ao mesmo tempo

Eu não mais procuro a fronteira final,
porque sei que não existem fronteiras finais,
dentro ou fora de mim

I am my offspring and
I am not my offspring

I am what I leave behind,
and what I will not leave behind

I am still my past as much I already am my future

I am all my ancestors since the first beginning
the incalculable number of events
so that I could exist, now

Eu sou meus descendentes e
eu não sou meus descendentes

Eu sou o que deixo para trás,
e o que não deixo para trás

Eu ainda sou meu passado tanto quanto já sou meu futuro

Eu sou todos meus ancestrais desde o primeiro começo
o incalculável número de acontecimentos
para que eu pudesse existir, agora

I am memories forgotten,
memories that never existed
psychological truths that were never true
a product of my own creation

I am the one who realised that life outside changes
when life inside changes,
the one who then prayed in silence to himself

Eu sou memórias esquecidas,

memórias que nunca existiram

verdades psicólogicas que nunca foram verdade

um produto de minha própria criação

Eu sou aquele que percebeu que a vida de fora muda

quando a vida de dentro muda,

aquele que então rezou em silêncio para si mesmo

I am what I sowed and what I did not sow;
infinite other lives still permeate my life
and my life permeates infinite others

I've been the multitude of selves of my soul,
a multitude of selves that weren't in my soul,
and I am still myself

Eu sou o que plantei e o que não plantei;
infinitas outras vidas ainda permeiam minha vida
e minha vida permeia infinitas outras

Eu fui a multidão de seres da minha alma,
uma multidão de seres que não estava em minha alma,
e eu ainda sou eu mesmo

I have changed the world just because I lived

I was Achilles because I was myself,
because I loved much

Eu mudei o mundo apenas porque eu vivi

Eu fui Aquiles porque fui eu mesmo,
porque eu muito amei

I no longer fear the dark or the unknown,
what I imagine is and isn't real

I've learned to listen to silence and speak through it

I was able to listen, to sing, and to dance
to the tune of the invisible piper,
to the rhythm of my own music

I am the one who sang the song he was born to sing

Eu não mais temo o escuro ou o desconhecido,
o que eu imagino é, e não é, real

Eu aprendi a escutar e a falar pelo silêncio

Eu pude escutar, cantar e dançar
ao som do tocador de flauta invisível,
ao ritmo da minha própria música

Eu sou aquele que cantou a canção que nasceu para cantar

I am the one who has returned victorious

Eu sou aquele que retornou vitorioso

I am still pollen in the wind

I still stand naked before the sun

Eu ainda sou pólen ao vento

Eu ainda continuo nu perante o sol

I have seen it all:

the eternal cyclical movement of history, of life, of death

the creation of this and infinite other universes

the materialisation of the same archetypes, of the same forms

dying and being reborn in a thousand different ways,

in a thousand different years...

I have seen it all, and yet, I have seen very little of everything

Eu vi tudo:

o movimento eterno e cíclico da história, da vida, da morte

a criação deste e infinitos outros universos

a materialização das mesmas formas, dos mesmos eventos

morrendo e renascendo em mil diferentes maneiras,

em mil diferentes anos....

Eu vi tudo, e entretanto, vi muito pouco de tudo

I will carry nothing with me
and yet, I will carry everything with me

I will take only what is within me
how much I loved
what I shared
whom I truly was

Eu não vou levar nada comigo

e entretanto, eu vou levar tudo comigo

Eu levo comigo apenas o que está dentro de mim

o quanto amei

o que dividi

quem realmente fui

I no longer believe in the division between matter and spirit
but that matter is spirit manifest

I realise that Atman is Brahman
that the All is Love and Light
that above me and below me there are only stars and galaxies
only life brimming throughout the cosmos
and expressing itself in infinite forms

Eu não mais acredito na divisão entre matéria e espírito
mas que matéria é espírito manifesto

Eu percebo que Atman é Brahman
que o Todo é Amor e Luz
que acima e embaixo de mim existem apenas estrelas e galáxias
apenas vida florescendo pelo cosmos
e expressando-se em infinitas formas

I reached the All through my heart
and realised that my soul
has always been the soul of everything and everyone else,
that my essence is that of the cosmos,
that love is truth

I made the two into one,
the inner like the outer,
the lower like the upper

I am the sacred marriage of the sun and the moon,
the fusion of opposites to become one,
gold after the long transmutation of lead

I've become a seed planted in good soil
which produced a good crop,
I've found the treasure in the field and
sold everything to keep the one good pearl

I have sought and found,
knocked, and was let in

I am no longer the day and the night:
I have become a passer-by

Eu cheguei ao Todo pelo meu coração
e percebi que minha alma
sempre foi a alma de tudo e de todos,
que minha essência é a do cosmos,
que amor é verdade

Eu transformei o dois em apenas um,
o de dentro como o de fora,
o debaixo como o de cima

Eu sou o casamento sagrado do sol com a lua,
a fusão dos opostos para se tornar um,
ouro depois da longa transmutação de chumbo

Eu me tornei uma semente plantada em solo bom
que produziu uma boa lavoura,
eu achei o tesouro no campo e
vendi tudo para ficar com a boa pérola

Eu procurei e achei,
bati e me deixaram entrar

Eu não sou mais o dia e a noite:
eu me tornei um transeunte

I'm no longer aspiration to leave footprints in rocks
but the trail that the flight of a bird leaves in the air,
that a gliding seagull leaves on the water,
that the sun leaves in the day

Eu não sou mais aspiração em deixar pegadas em pedras
mas o rastro que o voo de um pássaro deixa no ar,
que uma gaivota planando deixa na água,
que o sol deixa no dia

I am hopeful again for mankind

Eu tenho novamente esperança pela humanidade

I am the one who looks back
and enjoys his life for a second time

I go in peace
for although I lived for myself,
I lived for something greater than myself,
for the benefit of all

I will return to be what ripens the fruit, what beats a heart,
the knowledge contained in a seed to grow toward the sun

Eu sou aquele que olha para trás
e aproveita sua vida pela segunda vez

Eu vou em paz
porque, apesar de ter vivido para mim mesmo,
eu vivi por algo maior que eu mesmo,
para o bem de todos

Eu retornarei a ser o que amadurece a fruta, o que bate um coração,
o conhecimento contido na semente que cresce em direção ao sol

I am no longer the wisdom of words, of ideas, of thoughts,
but wisdom which cannot be expressed by them

I am the one who felt the existence of ultimate reality,
the indivisible unity behind the apparent plethora of its expressions,
the one who saw the wake of light behind all things
as the very imprint of the All

I am the one who will miss his outward self,
the persona that has a name,
flawed and perfect, which will not exist again

I will miss Planet Earth

Eu não sou mais a sabedoria de palavras, de idéias, de pensamentos,
mas sabedoria que não pode ser expressa através deles

Eu sou aquele que sentiu a existência da última realidade,
a indivisível unidade por atrás de sua aparente gama de expressões,
aquele que viu o rastro de luz por trás de todas as coisas
como a própria identidade do Todo

Eu vou sentir falta deste eu de fora,
esta persona que tem um nome,
imperfeito e perfeito, que nunca vai existir novamente

Eu vou sentir falta do Planeta Terra

I am the now which is future and past
and the now which is just the now

I am just one more
while I am the only one
while I am everyone

I am the self which is also everything,
every self that ever was and will ever be:
a stone, a piece of wood, an x and a y
have already been me and they will be me

I've been a thousand lifetimes
and could be a thousand more if I wish

Eu sou o agora que é futuro e passado juntos
e o agora que é só o agora

Eu sou apenas mais um
enquanto eu sou o único
enquanto eu sou todos

Eu sou o eu que também é tudo,
cada ser que já existiu e que ainda vai existir:
uma pedra, um pedaço de madeira, um x e um y
já foram eu e ainda vão ser eu

Eu já fui milhares de vidas
e posso ser outras milhares se desejar

I'm not going to infinity
as I already am in infinity

I no longer fear death
as I realise I cannot truly die

Eu não estou indo para o infinito

porque eu já estou no infinito

Eu não temo mais a morte

porque percebo que não posso realmente morrer

All I am is what I truly loved

A finite life within an infinite existence

And I realise that since the beginning, even before I left,
I already was, inevitably,
going home

Tudo que eu sou é o que realmente amei

Uma vida finita dentro de uma existência eterna

E percebo que desde o começo, mesmo antes de sair,
eu já estava, inevitavelmente,
indo para casa

I am my last heartbeat

Eu sou a minha última batida de coração

I am no longer consciousness of reality
but reality itself

Eu não sou mais consciência da realidade

mas a própria realidade

And I will live for ever

E eu vou viver para sempre

For I am the first and the last
All that is seen and all that is unseen
All that has come, and all that will come to pass

I am the pilgrim and the destination
the seeker and the found

I am Alpha and Omega
Tao
OM
the Nirvana of a Buddha
the Three that is One
the Kingdom within
and the Kingdom that is spread upon the earth

Porque eu sou o primeiro e o último
tudo que é visto e tudo que não pode ser visto
tudo que já passou e tudo que irá passar

Eu sou o peregrino e o destino
o que procura e o que é achado

Eu sou Alpha e Omega

Tao

OM

o Nirvana de um Buda

o Três que é Um

o Reino que está dentro

e o Reino que está manifestado na terra

I am birth, life and death

Eu sou o nascimento, a vida e a morte

Expansion toward infinity until the end,

when I am

a new beginning

Expansão para o infinito até o fim,

quando eu sou

um novo começo

I am the root
the trunk
the branches
the flower
the fruit and the seed
of the eternal Tree of Life

*

Eu sou a raiz

o tronco

os galhos

a flor

o fruto e a semente

da eterna Árvore da Vida

*

www.gmsilvaneto.com

twitter @gmsilvaneto

www.ingramcontent.com/pod-product-compliance
Lightning Source LLC
LaVergne TN
LVHW041154080426
835511LV00006B/586